BEI GRIN MACHT SICH IHR WISSEN BEZAHLT

- Wir veröffentlichen Ihre Hausarbeit, Bachelor- und Masterarbeit

- Ihr eigenes eBook und Buch - weltweit in allen wichtigen Shops

- Verdienen Sie an jedem Verkauf

Jetzt bei www.GRIN.com hochladen und kostenlos publizieren

Bibliografische Information der Deutschen Nationalbibliothek:

Die Deutsche Bibliothek verzeichnet diese Publikation in der Deutschen National-
bibliografie; detaillierte bibliografische Daten sind im Internet über http://dnb.d-
nb.de/ abrufbar.

Dieses Werk sowie alle darin enthaltenen einzelnen Beiträge und Abbildungen
sind urheberrechtlich geschützt. Jede Verwertung, die nicht ausdrücklich vom
Urheberrechtsschutz zugelassen ist, bedarf der vorherigen Zustimmung des Verla-
ges. Das gilt insbesondere für Vervielfältigungen, Bearbeitungen, Übersetzungen,
Mikroverfilmungen, Auswertungen durch Datenbanken und für die Einspeicherung
und Verarbeitung in elektronische Systeme. Alle Rechte, auch die des auszugsweisen
Nachdrucks, der fotomechanischen Wiedergabe (einschließlich Mikrokopie) sowie
der Auswertung durch Datenbanken oder ähnliche Einrichtungen, vorbehalten.

Impressum:

Copyright © 2017 GRIN Verlag, Open Publishing GmbH
Druck und Bindung: Books on Demand GmbH, Norderstedt Germany
ISBN: 9783668419124

Dieses Buch bei GRIN:

http://www.grin.com/de/e-book/355506/didaktik-und-methodik-das-verhalten-der-
lehrperson-im-klassenraum

Daniela Nöllert

Didaktik und Methodik. Das Verhalten der Lehrperson im Klassenraum

GRIN Verlag

GRIN - Your knowledge has value

Der GRIN Verlag publiziert seit 1998 wissenschaftliche Arbeiten von Studenten, Hochschullehrern und anderen Akademikern als eBook und gedrucktes Buch. Die Verlagswebsite www.grin.com ist die ideale Plattform zur Veröffentlichung von Hausarbeiten, Abschlussarbeiten, wissenschaftlichen Aufsätzen, Dissertationen und Fachbüchern.

Besuchen Sie uns im Internet:

http://www.grin.com/

http://www.facebook.com/grincom

http://www.twitter.com/grin_com

Einsendeaufgaben Modul EB 0400

„Didaktik und Methodik"

Inhaltsverzeichnis

Aufgabe 1 2

Aufgabe 2 4

Aufgabe 3 6

Aufgabe 4 8

Literaturverzeichnis 10

Aufgabe 1

Zu Kapitel 4:

Stellen Sie sich vor, ein Teilnehmer macht durch ständige Wortbeiträge und lange Monologe immer wieder auf sich aufmerksam. Welche Möglichkeiten sehen Sie, auf diesen Teilnehmer zu reagieren?

Treffen Menschen z.B. im Kontext von Lehrveranstaltungen aufeinander, sind sich die meisten von ihnen vorher noch nicht begegnet. Zu Beginn entwickelt sich eine neue Gruppe, die im Rahmen der Veranstaltung zusammenarbeiten wird, und es entstehen Strukturen sowohl auf formeller als auch auf informeller Ebene. Es differenzieren sich verschiedene Rollen und Funktionen heraus. Dabei kann man Aufgabenrollen und Erhaltungs- und Aufbaurollen als förderlich für den Gruppenprozess herausstellen und aber auch Negativrollen, die den Gruppenprozess stören. Überträgt man diese Struktur auf das Modell der Themenzentrierten Interaktion, welches nach einer Balance zwischen den drei Komponenten „es", dem Thema, "ich", der Person und dem „wir" als Gruppe innerhalb bestehender Umfeldfaktoren, dem „globe" strebt, funktioniert im Fall, dass es Negativrollen gibt, die Gruppe noch nicht. Innerhalb der Gruppe entstehen Beziehungen mit Sympathien und Antipathien gegenüber den anderen Teilnehmern. Dabei bilden sich schnell Stereotypen, wie „der Vielredner", „die Ausgeglichene" oder „der Schüchterne" heraus und können sich, wenn man nicht regulierend einwirkt, negativ auf eine effektive und effiziente Zusammenarbeit innerhalb der Gruppe auswirken. Die Leitung einer Gruppe hat dabei eine besondere Funktion (von Felden, 2014, S. 45ff).

Im Fall, dass man in einer Erwachsenengruppe einen Teilnehmer hat, der durch ständige Wortbeiträge auf sich aufmerksam macht, ist zunächst die Sensibilität des Kursleiters gefordert, diese Störung wahrzunehmen und zu versuchen, diese auch zu deuten, um entsprechend zu reagieren und in den Gruppenprozess einzuwirken. Störungen treten auf, sobald der Lern- und Gruppenprozess aus der Balance kommt, man vom gewünschten Zustand abweicht und das gemeinsame Vorhaben blockiert oder behindert wird. Störungen sind dabei stets als subjektive Deutung, also als ein Konstrukt eines Einzelnen oder einer Gruppe anzusehen. Sie werden meist erst bedeutsam, wenn sich mehrere Gruppenmitglieder gestört fühlen.

Wichtig ist dabei, die Störung, nachdem sie wahrgenommen wurde, auch zu thematisieren und nicht einen Konflikt im Untergrund laufen zu lassen.

Ein „Vielredner" lässt sich zu den bereits erwähnten Negativrollen zuordnen. Die Frage, die man sich als Kursleiter also stellen sollte, ist die nach der Bedeutung dieser Störung. Meist verbirgt sich ein gewisser Widerstand hinter dieser Verhaltensweise. Der anschließende Schritt wäre, nach den Motiven des Widerstandes zu fragen. Vielleicht gefällt dem

Teilnehmer die Gruppenaufgabe nicht? Oder er möchte verhindern, dass sein altes Selbstkonzept in Frage gestellt wird oder er möchte seine Individualität schützen. Ein weiterer Grund für den Widerstand und den daraus resultierenden Störungen kann auch auf der Basis der Vermeidung gebaut sein, wie z.B. negative Gefühle oder Einsichten zu vermeiden (von Felden, 2014, S. 111f).

Kommunikationsanalysen können helfen, die Situationen, in denen die Störungen auftreten zu analysieren und Beweggründe zu verstehen (von Felden, 2014, S. 113). Dazu gehören das Vier- Seiten- Modell von Schulz von Thun, wonach jede Nachricht auf vier Ebenen vom Empfänger gehört werden kann, der Sachebene, der Beziehungsebene, der Selbstoffenbarungsebene und der Appellebene (von Felden, 2014, S. 57). So kann man als Kursleiter eine auf der Selbstoffenbarungsebene oder der Beziehungsebene als aggressiv wahrgenommene Botschaft verständnisvoll reagieren. Ich habe also die Möglichkeit, dass Thema, welches der „Vielredner" einbringt, in die Gruppe verständnisvoll zurückzugeben und somit die Gruppe wieder in die Interaktion einzubeziehen.

Die Transaktionsanalyse kann auch unterstützend sein, Störungen zu analysieren und Bedürfnisse der Teilnehmer einzubeziehen und so zu reagieren, dass die Bedürfnisse möglichst erfüllt werden (von Felden, 2014, S. 113). Die Transaktionsanalyse nach Berne geht davon aus, dass in jedem Menschen drei Persönlichkeitsinstanzen, geäußert in „Ich-Zuständen", vorhanden sind. Das Eltern- Ich, das Kindheits- Ich und das Erwachsenen- Ich. In einer Interaktion oder Kommunikation hat man die Wahl zwischen diesen Ich- Zuständen. Mittels der Analyse kann man die verschiedenen Transaktionen aufdecken und somit auch eventuelle Störungen identifizieren (von Felden, 2014, S. 60ff).

Ist ein Redebedürfnis bei dem „Vielredner" erkennbar, hat man als Kursleiter auch die Möglichkeit, dem Teilnehmer ein Zeitfenster nach der Gruppenarbeit anzubieten und somit die Situation zu entschärfen, die Gruppensituation nicht weiter zu belasten, aber den Teilnehmer auch nicht zu verprellen.

Wie bereits erwähnt, sollte es das Ziel sein, grundlegende Bedürfnisse der Gruppenmitglieder zu befriedigen. Das können sein: Bedürfnis nach Kontakt, nach Zugehörigkeit, nach Wertschätzung, nach Einflussnahme, nach Kompetenzverbesserung oder nach Abwechslung. Für eine günstige Kommunikationsgestaltung bedeutet das, die entsprechenden Bedingungen zu schaffen. Dafür gibt es verschiedene Techniken. Dazu gehören: offene Fragen stellen, freundlich miteinander umzugehen, geduldig zuzuhören, die Beteiligung aller Teilnehmer zu ermöglichen, verständnisvoll auf Äußerungen zu reagieren, den Gesprächsverlauf mit der Gruppe abzustimmen und Abläufe abzustimmen und Gesprächsregeln aufzustellen. Hat man sich auf bestimmte Regeln geeinigt, kann man sich im Verlauf einer Veranstaltung auch darauf beziehen. Dazu kann in Bezug auf den „Vielredner" eine Festlegung auf eine Gesprächszeit sein. Die Verantwortung für die

"Kontrolle" dieser Regel kann man dabei in die Gruppe geben. Weiterhin ist es möglich, sich als Kursleiter auf den zuvor gemeinsam erarbeiteten Zeitplan zu berufen, wenn man durch den Teilnehmer immer wieder unterbrochen wird (von Felden, 2014, S. 115ff).

Allgemeinrezepte, wie man in bestimmten Situationen reagieren soll, gibt es nicht, dafür ist jede Situation zu verschieden. Als Kursleiter kann man unterstützende Analysemethoden benutzen, die Situation der Störung zu deuten und entsprechend Maßnahmen zu finden, den Gruppenprozess wieder in Balance zu bringen. Dabei sollten die Bedürfnisse der Teilnehmer immer im Auge behalten werden. Wichtig ist meines Erachtens dabei, sich als Kursleiter auch immer wieder in Frage zu stellen, warum man etwas als Störung wahrnimmt und ob die Störung auch ein Gruppenthema ist oder ob es die eigenen Befindlichkeiten betrifft.

Aufgabe 2

Zu Kapitel 3:

Trainieren Sie Ihre Wahrnehmung an dem Vier-Seiten-Modell, indem Sie auf verschiedene Botschaften mit „vier Ohren" hören. Schreiben Sie die folgenden Botschaften in ein Kästchen und füllen Sie die vier Seiten mit den von Ihnen gehörten Bedeutungen aus.

a) Ein Teilnehmer äußert in einer Seminarsituation gegenüber der Seminarleitung: „Die Übung gefällt mir nicht".

b) Eine Seminarleiterin sagt zur Lerngruppe: „Bitte tun Sie mir den Gefallen und machen Sie jetzt mit".

c) Ein Chef sagt zu seiner Sekretärin: „Frau Müller, der Kaffee ist alle".

Selbstoffenbarung Der Teilnehmer hat Schwierigkeiten mit der Übung. oder Er hat Schwierigkeiten mit der Art der Übung. oder Er hat keine Lust, eine Übung zu machen.	*Sachinhalt* Dem Teilnehmer gefällt die Übung nicht.	
	„**Die Übung gefällt mir nicht.**"	*Appell* Gib mir eine andere Übung!
	Beziehung Der Teilnehmer hat ein Problem damit, von mir eine Aufgabe zu erhalten.	

	Sachinhalt Die Seminarleiterin wünscht sich, dass die Teilnehmer sich beteiligen.	
Selbstoffenbarung Die Seminarleiterin ist verzweifelt. Sie fühlt sich unwohl, weil keiner mitmacht. Sie will sich besser fühlen.	„**Bitte tun sie mir den Gefallen und machen sie jetzt mit.**"	*Appell* Macht jetzt mit!
	Beziehung Die Seminarleiterin ist abhängig von der Beteiligung der Teilnehmer. Die Teilnehmer lassen sie aber hängen. Machtüberlegenheit der Teilnehmer.	

Selbstoffenbarung Der Sprecher ist zu faul, selbst Kaffee zu machen. oder Der Sprecher kann die Kaffeemaschine nicht bedienen.	**Sachinhalt** Der Kaffee ist alle.	
	„**Frau Müller, der Kaffee ist alle.**"	**Appell** Machen sie Kaffee!
	Beziehung Frau Müller ist Untergebene und hat das zu tun, was ihr gesagt wird.	

Aufgabe 3

Warum ist die Anfangssituation eines Seminars eine besonders folgenreiche Phase? Beschreiben Sie in Stichworten unterschiedliche Methoden der „Kennenlernphase".

Die Anfangssituation eines Seminars oder einer Lehrveranstaltung ist geprägt von Unsicherheiten der Teilnehmenden. Sie blicken erwartungsvoll auf die neue Gruppe, auf die sie treffen werden, auf das, was auf sie zukommt und wie es sich mitgestalten lässt. Eine ganz wichtige Frage, die sich für die Beteiligten stellt, ist hier die nach der Akzeptanz der eigenen Person und der eigenen Rolle innerhalb der Gruppe. Jeder will sich in der neuen sozialen Situation gut behaupten. Die Motivation, wie dieses Behaupten aussehen sollte, bestimmt sich dabei individuell verschieden (Höffer- Mehlmer, 2014, S. 69).

Neben diesen Rahmenbedingungen schwingen bei jedem Einzelnen eigenen Lernerfahrungen mit. Diese können positiver aber eben auch negativer Natur sein. So hat Lernen immer mit neuen Erfahrungen zu tun. Man muss von Gewohntem ablassen und neue Sichtweisen zulassen und begibt sich damit auf ein unsicheres Gebiet, dass es erst zu ergründen gilt (von Felden, 2014, S. 107).

Für die Seminarleitung bedeutet es, eine gute und verlässliche Lernatmosphäre zu schaffen, die diese Unsicherheiten und anfänglichen Hürden berücksichtigt. So ist es wichtig, dass in der Anfangssituation den Teilnehmern eine Brücke gebaut wird, um von der gewohnten Arbeitssituation in die Lernsituation zu gelangen. Gleichzeitig sollten die Teilnehmer zu Beginn über Ziele, Inhalt und Methoden der Veranstaltung informiert werden, damit sie die

Möglichkeit haben, dies mit ihren Interessen abzugleichen und zu besprechen, da hier die Weichen für den weiteren Verlauf der Veranstaltung gestellt werden (Höffer- Mehlmer, 2014, S. 69). Dazu gehören auch organisatorische Verabredungen. Mit Rücksicht auf die oben angedeutete soziale Situation und die persönlichen Ängste ist das Ziel einer guten Einstiegssituation, die Teilnehmer zu unterstützen, diese Ängste zu überwinden und offen miteinander umzugehen. Weiterhin sollten Regeln, wie miteinander umgegangen wird, vereinbart werden, um mögliche spätere Konflikte einzugrenzen oder zu vermeiden. Die Leitung muss versuchen, den Teilnehmern schon von Anfang an zu vermitteln, dass es zum Lernprozess gehört, eigene Bedürfnisse und Interessen zu formulieren (von Felden, 2014, S. 107f).

Der Seminarleitung kommt dabei, wie erwähnt, eine besondere Rolle und wichtige Aufgabe zu. Sie ist es, die die Initiative ergreifen muss und den Teilnehmern Interaktionsangebote machen muss. Schon die begrüßenden Worte, unterstützt durch Mimik und Gestik, entscheiden dabei über einen möglichen Verlauf der Veranstaltung. Fühlen sich die Teilnehmer eingeladen und beteiligt? Befindet man sich in einer offenen und freundlichen Atmosphäre? Kann ich hier meinen Platz in der Gruppe finden und meine Bedürfnisse äußern (von Felden, 2014, S. 108)? Schafft es die Seminarleitung nicht, eine entsprechende Atmosphäre zu ermöglichen, wird der Verlauf der Veranstaltung von Unsicherheit und geringer Offenheit geprägt bleiben.

Ein Teilaspekt der Anfangssituation ist das gegenseitige Kennenlernen. Dies wird in der Praxis sehr unterschiedlich gestaltet und ist durchaus von der Gruppenzusammensetzung abhängig. Sehr oft findet man die Form des „Reihum- Vorstellens". Dabei sagt jeder Teilnehmer ein paar Sätze über sich. Der Inhalt des Erzählten kann dabei frei gewählt sein oder vorstrukturiert. Dies kann von Teilnehmer zu Teilnehmer- reihum- erfolgen oder in einer wahllosen bzw. freiwilligen Reihenfolge. Beide Methoden haben ihre Vor- und Nachteile. Bei der ersten Variante weiß ich, wann ich „dran" bin, was durchaus Nervosität erzeugen kann. Die zweite Variante lässt den Teilnehmer selbst entscheiden, wann er sich vorstellen möchte.

Eine weitere beliebte Methode ist das „Partner- Interview", indem sich zwei Teilnehmer nach vorheriger Partnerarbeit gegenseitig vorstellen. Dies hat den Vorteil, dass die Teilnehmer schon zu einer aktiven Beteiligung bewegt werden.

Eine dritte Einstiegsmethode stellt die „Karikaturenauswahl" dar. Es gibt zu verschiedenen Themenbereichen (z.B. Schule, Ökologie, etc.) eine Auswahl an Karikaturen bzw. humorvollen Fotos. Entsprechend der Anzahl der Teilnehmer werden diese Bilder im Raum verteilt, wobei jedes Bild 2 Mal vorhanden ist. Jeder Teilnehmer wählt ein Bild und stellt sich dazu. Die Teilnehmer mit dem gleichen Bild bilden anschließend eine Gruppe und unterhalten sich über da Bild. Nach einer festgelegten Zeit stellen sich die Paare der Gruppe anhand ihrer Karikatur vor. Dadurch wird ein zwangloses Kennenlernen ermöglicht und man erhält über die Kommentare zu den Bildern einen Eindruck über Teilnehmermotive, Interessen und/ oder der Lebenswelt der Teilnehmer (Siebert, 2012, S. 41). Wichtig ist bei allen Methoden der Gestaltung einer Einstiegssituation und besonders der Kennenlernsituation, dass man die Teilnehmer als selbstbewusste Erwachsene ernst nimmt und beteiligt (von Felden, 2014, S. 109).

Aufgabe 4

Skizzieren Sie Lernprozesse auf unterschiedlichen Komplexitätsstufen am Beispiel eines Ihnen vertrauten Lernbereichs.

Der Amerikaner B. Bloom hat eine Taxonomie in Form einer gestuften Klassifikation kognitiver Lernziele erstellt. Der kognitive Bereich umfasst dabei 6 Stufen: *Kenntnisse* über bestimmte Einzelheiten oder Begriffe, das *Verstehen*, d.h. die Übertragung und das Erläutern des Wissens, die *Anwendung* und den Praxisbezug, die *Analyse* von Zusammenhängen, die *Synthese*, d.h. die Ableitung von Verknüpfungen und letztlich die *Bewertung*, d.h. z.B. die Beurteilung von Konsequenzen oder Nebenwirkungen.

Die Taxonomie ist stufenartig aufgebaut, das bedeutet, wenn ich noch keine Kenntnisse habe, kann ich auch noch nichts verstehen. Die unteren Ebenen sind demnach Voraussetzung für die höheren. Die Komplexität der Lernziele steigt dabei mit jeder Stufe. Analysieren ist komplexer als das Verstehen usw. (Siebert, 2012, S. 30f)

Durch die systematische Einteilung in aufeinander aufbauende und stets komplexer werdende Lernziele soll die Organisation des Lernens erleichtert werden (Höffer- Mehlmer, 2014, S. 21).

Ich arbeite mit den Mitarbeitern (MA) in der Produktion eines mittelständischen Unternehmens. Eine Kernaufgabe ist es, Methoden der Lean Production in die Fertigung zu integrieren und zu begleiten. Eine Methode ist die 5S Methode zur Organisation des Arbeitsbereiches. Eine Übertragung des Lernprozesses auf die Taxonomie der Lernziele mit ihren unterschiedlichen Komplexitätsstufen, sieht folgendermaßen aus:

1. **Kennnisse:** bedeutet, Wissen reproduzieren zu können, die MA haben Kenntnisse über die 5S Methode des Lean- Production, sie kennen die Begriffe und die 5 Stufen dieser Methode.
2. **Verstehen:** die MA können sich gegenseitig erklären, was die Methode erreichen möchte und sie verstehen, wie sie sich zusammensetzt

3. **Anwenden:** die MA können die 5S Methode anwenden, in dem sie in ihrem Arbeitsbereich erste Maßnahmen auf dieser Basis unter Anleitung ergreifen
4. **Analyse:** die MA erkennen Zusammenhänge, warum diese Methode für sie unterstützend ist und wie sich die Anwendung auswirken kann
5. **Synthese:** die MA entwickeln eigene Problemlösestrategien, um ihren Arbeitsbereich zu gestalten und zu pflegen
6. **Bewertung:** die MA können ihre eigenen Problemlösestrategien bewerten und beurteilen

Literaturverzeichnis

Höffer- Mehlmer, M. (2014). Methoden und Medien der Erwachsenenbildung. Studienbrief EB 0430 des Master- Fernstudiengangs der TU Kaiserslautern. Unveröffentlichtes Manuskript. Kaiserslautern.

Siebert, H. (2012). Didaktisches Design. Studienbrief EB 0420 des Master- Fernstudiengangs der TU Kaiserslautern. Unveröffentlichtes Manuskript. Kaiserslautern.

von Felden, H. (2014). Didaktisches Handeln und Kommunikation in Lerngruppen. Studienbrief EB 0410 des Master- Fernstudiengangs der TU Kaiserslautern. Unveröffentlichtes Manuskript. Kaiserslautern.

BEI GRIN MACHT SICH IHR WISSEN BEZAHLT

- Wir veröffentlichen Ihre Hausarbeit, Bachelor- und Masterarbeit

- Ihr eigenes eBook und Buch - weltweit in allen wichtigen Shops

- Verdienen Sie an jedem Verkauf

Jetzt bei www.GRIN.com hochladen und kostenlos publizieren